LE

TERRITOIRE CONTESTÉ ENTRE LA FRANCE & LE BRÉSIL

Conférence faite à la Société de Géographie de Lille le 22 Novembre 1885,
par M. Henri COUDREAU, Professeur au lycée de Cayenne.

MESSIEURS,

Je viens vous entretenir d'une nouvelle colonie dont il s'agirait pour la France de faire l'acquisition. Le moment est peut-être mal choisi pour parler de nouvelles opérations coloniales. La politique de ce qu'on appelle le recueillement, est tout à fait à l'ordre du jour. L'opinion publique, assure-t-on, demande clairement que la France s'enferme dans une épaisse muraille de la Chine, avec une seule petite lucarne ménagée sur le Rhin.

Aussi ne craignez point que je parte en guerre, que je fasse manœuvrer des flottes, que je dégarnisse la frontière de l'Est, que je demande de nouveaux crédits aux Chambres. Il ne s'agit pas de refaire ailleurs la campagne du Tonkin. Tout au contraire, il s'agit de rendre à jamais impossible, sur une des frontières de notre empire colonial, une complication qui pourrait avoir les suites les plus terribles.

Ma nouvelle colonie est colonie française depuis environ deux cents ans. Non pas que nous en soyons à revendiquer sur elle, comme sur tel territoire africain, des droits diplomatiques plus ou moins contestables, droits formellement niés par quelque redoutable armée d'anthropoïdes belliqueux : non. C'est simplement un vaste et beau territoire où l'on ne trouve ni Hovas, ni Pavillons-Noirs, ni influences anglaises, ni intrigues chinoises ; un territoire resté jusqu'à ce jour contesté entre la France et un autre nation, une nation amie. Entre notre champ et le champ du voisin se trouvent quelques sillons indivis. « Je vous en abandonne la moitié, a déjà dit le voisin. — Non, avons-nous répondu, non, nous en voulons les deux tiers. »

Toutefois, du moment que le voisin nous a déjà offert de partager, nous ne pouvons effacer de notre entendement cette notion que nous avons là une possession virtuelle. Cette possession, pour être indéterminée dans ses limites, n'en a pas moins une existence positive ; et le jour où, en délimitant la frontière, nous fermerons une porte toujours ouverte à un conflit possible, cette possession deviendra inévitablement une colonie nouvelle.

Sans plus de réticences il s'agit, puisqu'il faut appeler la chose par son nom, des territoires contestés entre la France et le Brésil.

Ce n'est pas — vous pouvez en juger par toutes les précautions dont je m'entoure — ce n'est pas sans quelque appréhension que je viens traiter aujourd'hui une question comme celle du contesté franco-brésilien. Plusieurs d'entre vous savent combien intimement j'ai été mêlé aux derniers évènements diplomatiques auxquels elle a donné lieu, et combien j'ai payé pour la connaître. La question, pour être secondaire, ne cesse pas d'être brûlante, et le rôle qu'elle m'a fait jouer récemment, pourrait faire croire que je force intentionnellement la note. Cependant j'ai trop de patriotisme pour vous faire autre chose qu'un exposé purement scientifique et désintéressé des faits, d'ailleurs assez intéressants en eux-mêmes, et assez graves pour mériter toute votre attention. Je n'ai d'autre but que d'essayer de vulgariser la notion du différend franco-brésilien, afin d'arriver à obtenir le plus tôt possible une solution pacifique. Solution qui rendrait à jamais impossible un conflit qu'il est toujours permis de craindre, solution qui resserrerait les liens d'amitié qui unissent la France et le Brésil, solution qui assurerait à la France la possession d'un territoire qui sera la partie la plus belle, la plus utile de nos possessions américaines.

La limite méridionale de la Guyane française n'a jamais été définitivement fixée. Les territoires qui se trouvent entre l'Oyapock et l'Amazone, à diverses reprises occupés, puis abandonnés par la France, sont, en somme, restés toujours à l'état de marche neutre à peu près inutilisée. Les populations de cette contrée vivent aujourd'hui dans un état anarchique, en dehors des influences française et brésilienne.

Je vous parlerai successivement des négociations, des traités, des actes belliqueux auxquels ont donné lieu ces terres contestées, de ces terres elles-mêmes telles que je les ai vues pendant le voyage que j'ai accompli dans la Guyane centrale pendant les années 1883, 1884 et 1885, de l'intérêt qu'il y aurait pour la France à vider de suite la question, et enfin du procédé qui me paraît le plus propre à régler ce différend séculaire.

Historique diplomatique des territoires contestés de Guyane.

Au XVIe siècle, la France avait nominalement la possession de la totalité de la Guyane, mais elle ne cherchait point à occuper toute la contrée. Absorbée par les guerres d'Italie, puis par les guerres de religion, elle laissait, avec indifférence, Espagnols et Portugais s'adjuger la plus grande partie des terres du nouveau monde.

Lorsque, en 1604, la première colonie française un peu importante fut fondée en Guyane, notre possession ne comprenait déjà plus, même nominalement, la totalité de la grande île fluviale américaine, mais seulement les territoires entre le Maroni, l'Amazone et le Rio-Negro. Entre le Maroni et l'Orénoque, les Hollandais avaient installé des colonies. Pour nous, nous n'occupâmes même pas toute notre possession nominale d'entre Maroni, Amazone et Rio-Negro. Nous nous bornâmes à faire un commerce d'échanges avec les Indiens de la côte, de Cayenne à l'embouchure du grand fleuve. Le grand fleuve, nous ne l'explorâmes point. C'est alors que les Portugais, voyant l'état d'abandon dans lequel nous laissions cette partie de notre colonie, songèrent sérieusement à nous évincer de la rive septentrionale de l'Amazone.

En 1688, le gouvernement de Lisbonne faisait établir, sur la rive nord du bas Amazone, cinq petits postes fortifiés : Desterro, à l'embouchure du Paru ; Tohéré, près de celle du Jary ; et, un peu plus bas, Sao-Antonio de Macapa, Arauari et Camaü. Louis XIV fit alors affirmer par M. de Férolles, gouverneur de Cayenne, les droits de la monarchie française sur toutes les terres du bassin septentrional du fleuve. Le gouvernement portugais ayant refusé de reconnaitre le bien fondé des prétentions du gouvernement français, M. de Férolles, sur l'ordre de Louis XIV, en mai 1697, en pleine paix, enleva et occupa Sao-Antonio de Macapa, et détruisit les quatre autres forts. C'est le premier acte belliqueux auquel donne lieu la question de ces territoires contestés. « M. de Férolles, dit le *Mercure galant* de l'époque, exécuta avec beaucoup de valeur et peu de troupes les ordres qu'il reçut de la cour d'aller chasser les Portugais des forts qu'ils avaient construits sur la rive septentrionale de la rivière des Amazones, vers son embouchure. Avec 90 hommes il chassa 200 Portugais soutenus par 600 Indiens, rasa les forts à l'exception de celui de Macapà dans lequel il laissa garnison, puis revint à Cayenne avec les cinq ou six embarcations qui avaient servi à cette entreprise. « Ce fait d'armes fut inutile ; la petite garnison ne put maintenir qu'un mois à Macapâ, et les Portugais réoccupèrent le poste après nous en avoir chassés.

La première convention diplomatique essayant de régler le différend est du 4 mars 1700. Des négociations eurent lieu à la suite de l'affaire de Macapá et ces négociations furent suivies d'un traité provisionnel. Le roi de France s'engageait à s'abstenir provisoirement de faire aucun établissement sur la rive nord, mais le roi de Portugal ferait détruire Macapá et ne prendrait aucune position sur la rive litigieuse, provisoirement neutre. Conformément au traité, le Portugal détruisit Macapá.

En 1701 fut conclu un second traité. C'était à l'époque de la guerre de la Succession d'Espagne, Louis XIV recherchait l'alliance du Portugal. Pour obtenir cette alliance il renonça solennellement aux prétentions que la monarchie française avait jusqu'alors maintenues sur la province de Maragnon, au sud de l'Amazone. La question de la rive nord était toujours réservée.

C'est le traité d'Utrecht, du 11 avril 1713, qui est censé terminer le différend. En réalité il n'a servi qu'à le prolonger jusqu'à nos jours.

Ce traité, au lieu d'en finir avec un conflit qui durait depuis vingt-cinq ans, le rendit, pour l'avenir, diplomatiquement insoluble. Le plénipotentiaire portugais, le comte de Taruca, étant comme le dit complaisamment le protocole « parfaitement éclairé sur la question », n'eut pas de peine à mystifier notre envoyé, un général-diplomate appelé M. d'Huxelles, fort peu au courant des difficultés géographiques qu'on lui proposait, et d'ailleurs bien connu pour être aussi maladroit diplomate que pitoyable capitaine.

Ce fameux traité d'Utrecht dit, en substance, que la France renonce aux terres du cap de Nord, situées entre la rivière des Amazones et celle de Vincent-Pinçon ; que la navigation de l'Amazone, ainsi que *les deux bords, les deux rives* du fleuve, appartiendront au Portugal, que la rivière de Vincent-Pinçon ou de Japoc servira de limite aux deux colonies. Les Portugais pourront reconstruire les forts de Macapâ, Arauari et Camaû.

Cette rivière de Vincent-Pinçon ou de Japoc, frontière des deux colonies, n'est indiquée ni en latitude ni en longitude ; de plus le traité n'indique que le point de départ à la côte de cette frontière, et ne parle nullement de l'attribution des terres de l'intérieur. De là double difficulté, pour ce qui est de la frontière de la côte, jamais personne ne sut où placer exactement la rivière de Vincent-Pinçon ou Japoc, pas plus que le vrai cap du Nord. Pour ce qui est de l'intérieur le traité dit que *les deux bords, les deux rives* de l'Amazone appartiendront au Portugal. Mais les territoires des Tumuc-Humac méridionales et de l'Equateur guyanais ne sont pas sur *le bord*, sur *la rive* de l'Amazone : par où donc faire passer la ligne de démarcation ?

Que veut dire ce Japoc qu'on n'avait vu jusqu'alors figurer sur aucune carte ? Quelle est la rivière où aborda Vincent-Pinçon ? La relation de voyage du navigateur ne nous apprend rien de bien précis à cet égard. Il me semble, à moi, que la rivière de Vincent-Pinçon ne doit être autre que l'Amazone ; mais les Brésiliens, de leur côté, disent que c'est de l'Oyapock qu'il s'agit.

Aussitôt après le traité d'Utrecht, les Portugais occupèrent la rive septentrionale de l'Amazone, jusqu'au sud de l'île Maraca. On commença dès lors à disputer officiellement sur la position exacte du cap du Nord et celle de la rivière de Vincent-Pinçon. Les Portugais écrasèrent quelques peuplades indiennes de la rive nord qui s'obstinaient à faire des échanges avec Cayenne, et ils envoyèrent dans l'intérieur des missionnaires jusqu'à l'Oyapock. De notre côté, en 1722, nous dépêchâmes un détachement s'emparer de Moribira, dans l'île des Guaribas, aux portes de Para, et ce détachement se maintint un an dans le poste conquis. Le tout, en explication du traité d'Utrecht.

En 1723, toujours pour expliquer le traité d'Utrecht, Gama, gouverneur de Para, fit rechercher par Paes do Amaral les anciennes bornes de marbre élevées par ordre de Charles-Quint, en 1543, entre les possessions de l'Espagne et celle du Portugal. Ces bornes antiques, en elles-mêmes, ne signifiaient pas grand'chose. Mais la recherche qu'on en fit sert à nous prouver que, quelques années seulement après avoir été signé, le traité d'Utrecht fut réputé, du moins dans ses détails, officiellement inintelligible. Paes do Amaral découvrit les bornes par 1°30′ de latitude nord, à l'embouchure d'une rivière qu'il appelle Wiapoc ou Vincent-Pinçon, et que sa détermination astronomique nous indique clairement être l'Araguary.

Aussitôt après, le gouvernement français ayant été informé de la découverte d'Amaral, d'Ovillers, gouverneur de Cayenne, reçut l'ordre d'agir en conséquence, et toute la côte, de l'Oyapock à l'Araguary, fut effectivement annexée à la colonie de Cayenne.

De leur côté, les Portugais, fort irrités, affirmèrent officiellement pour la première fois, leurs prétentions à la possession de la rive droite de l'Oyapock, et, pour justifier leurs revendications, ils firent chercher, à l'embouchure de ce fleuve, à la montagne d'Argent, les fameuses bornes de Charles-Quint, lesquelles ayant été déjà trouvées à l'Araguary ne devaient pas se retrouver autre part. D'ailleurs l'interprétation du traité d'Utrecht continuait de part et d'autre : les Portugais, faisaient dans l'intérieur, de grandes razzias d'Indiens jusqu'à l'Oyapock, et nous, nous confisquions les barques portugaises jusqu'à l'île de Marajo.

Sur ces entrefaites, en 1731, des négociations furent entamées entre le gouvernement de Para et celui de Cayenne, tous deux agents de leur gouvernement respectif. Ces négociations avaient pour but d'arriver à délimiter la frontière des territoires litigieux. Ces négociations aboutirent à l'accord de 1736 qui nous laisse, chose historiquement fort importante, la libre pratique des terres situées au nord de l'embouchure de l'Amazone.

Cet accord était un espèce de désistement de la part du Portugal, Et pendant près de soixante années, de 1736 à 1794, nous usâmes si largement de ce désistement et pratiquâmes si librement les côtes au nord de l'embouchure de l'Amazonne, que plusieurs fois, les autorités portugaises purent faire saisir des barques françaises pêchant dans les parages de Para. Aussi, en 1764, le Portugal, pour protéger sa rive nord de l'Amazonne, de moins en moins respectée par nous, dut-il construire le fort de Saô-José de Macapa, non loin de l'emplacement de l'ancien fort de Saô-Antonio.

A cette époque, le gouvernement français était bien possesseur, de fait et de droit, de toute la côte entre l'Oyapock et le Carapapori, branche nord du delta de l'Araguary. En 1766, Malouet, gouverneur de Cayenne, envoyait au ministres deux mémoires pour établir définitivement et irrévocablement nos droits, En 1774, Fiedmond, successour de Malouet, faisait faire par le sieur Dessingy, géographe, un relevé de la côte entre l'Oyapock et l'Amazonne. Trois ans plus tard, en 1777, le même Fiedmond faisait prendre, sans réclamation de la part du Portugal, possession effective, administrative, de la baie qu'on appelait alors de Vincent Pinçon, au sud de Maraca, par l'établissement d'un poste militaire dénommé Vincent-Pinçon ou Carapapori, et d'un village-mission installé dans le voisinage, à l'embouchure de la rivière Macari. Un ingénieur-géographe, avec le titre de gardien des limites, fut installé au village-mission de Macari. Ce fut d'abord le sieur Labbé, géographe, qui occupa ces fonctions ; puis ce fut le sieur Honlet, autre géographe. Un peu plus tard, en 1780, une mission centrale qui devait devenir importante fut créée à Counani, à mi-chemin, à peu prés, entre l'Oyapock et l'Amazone.

La frontière officielle de la Guyane française était alors à la côte, le Carapapori, canal naturel jadis important, qui, un peu à l'est de notre village-mission de Macari et de notre poste militaire de Carapapori ou Vincent-Pinçon, deversait l'Araguary dans l'Atlantique. C'est ce bras de Carapapori que Humboldt déclara plus tard être le vrai Vincent-Pinçon. Malheureusement cette branche nord du bas Araguary est maintenant tout à fait obstruée. Il n'y a donc plus à songer à elle pour limite.

Pour ce qui est des territoires de l'intérieur, on leur connaissait officiellement, à cette époque, une limite qui était une ligne par à peu près, du Carapapori au rio Branco, entre l'Amazone et la ligne équatoriale.

Tout cela était parfaitement logique et admissible et le serait encore aujourd'hui, n'étaient d'une part les faits accomplis, et de l'autre des modifications profondes dans l'équilibre de nos intérêts coloniaux dans le monde. Et puis, nous n'avons plus aujourd'hui en face de nous une colonie portugaise, une Guinée ou un Congo, mais une des plus grandes nations de l'Amérique.

En 1782, M. de Besner, gouverneur de Cayenne, donnait à Simon Mentelle, géographe, la mission de relever le cours de l'Araguary et de reconnaître quelle ligne sensible de démarcation pourrait être établie entre la Guyane française et les possessions portugaises, en partant du point où le canal de Vincent-Pinçon ou Carapapori adopté comme borne cesse de séparer les deux colonies. Mentelle devait s'appliquer à examiner si nos limites pourraient être simplifiées en adoptant pour frontière la grande bouche de l'Araguary au lieu du bras de Vincent-Pinçon, et quel dédommagement pourrait être offert au Portugal dans les territoires de l'intérieur. Car, poursuivant vers l'ouest, Mentelle devait, s'écartant le moins possible de l'équateur et de la ligne parallèle au cours de l'Amazone, afin, disaient ses instructions, de remplir exactement l'esprit du traité d'Utrecht, se rendre jusqu'au rio Banco, essayant de trouver, à nos territoires du sud des Montagnes centrales, une frontière sensible, scientifique.

Vous voyez que la mission que M. Chessé m'avait confiée avait eu un précédent solennel.

Mentelle fut moins heureux que moi. Il ne put relever que la côte. Il ne visita ni le Counani, ni le Mapa, ni les terres du pseudo-cap du Nord, ni le rio Branco, ni les territoires au sud des Montagnes centrales. Chose éminemment regrettable, car si Mentelle eut pu faire en 1782 ce que j'ai fait en 1883, 1884 et 1885, le gouvernement de Louis XVI en eût probablement fini avec le vieux différend.

Les choses en étaient là, après l'échec de Mentelle, quand, en 1792, en présence du danger imminent de guerre universelle, la France évacua le poste de Vincen-Pinçon qu'il eût été difficile de défendre. Nous résolûmes d'en créer, sur les bords de la baie de Mayacaré, un autre que nous n'eûmes pas le loisir d'établir.

En 1794, l'émancipation des esclaves dans la Guyane française ayant effrayé les Portugais, ceux-ci armèrent cinq petits bâtiments, et, en attendant une déclaration de guerre officielle, commencèrent par venir piller, dans le Ouassa, une grande ferme à bétail dont le propriétaire, le citoyen Pomme, était alors député de Cayenne à la Convention. Et pendant les vingt années qui suivirent on continua ainsi l'interprétation à main armée du traité d'Utrecht.

Sortie du Ouassa, la flotille portugaise entra dans l'Oyapock. Les Portugais, reprenant après cinquante-hait ans leurs anciennes prétentions, adressèrent au commandant du fort, qu'ils qualifièrent de commandant des limites, sommation d'avoir à livrer les esclaves portugais fugitifs ainsi que les déserteurs. Le poste d'Oyapock avait été évacué et le commandant provisoire se trouvait être le maire. Ce brave homme réunit son conseil municipal qui, après délibération, déclara aux Portugais que les frontières étaient au Carapapori et que la Révolution avait libéré les esclaves. Les Portugais en se retirant, plantèrent avec solennité un poteau sur la rive droite de l'Oyapock, et il appelèrent ce poteau Notre-Dame de la Conception. Les envahisseurs avaient à peine mis à la voile que l'héroïque conseil municipal passait le fleuve et brûlait le poteau de la Conception avec non moins de solennité qu'on n'en avait mis à le planter.

Mais au retour la flotille ennemie toucha à Counani et à Macari. Chacun de nos deux villages-missions renfermait environ trois cents Indiens. A l'embouchure des autres fleuves se trouvaient également quelques petits centres indigènes. Les Portugais emmenèrent en masse toute cette population à l'Amazone.

De 1794 à 1798 la côte entre Amazone et Oyapock fut complètement dépeuplée. Il importait d'agrandir le désert entre Cayenne et Para, car, au contact des Français qui donnaient la liberté aux Indiens et aux esclaves, Para se serait trouvé bientôt sans esclaves et sans Indiens.

Cependant nos Indiens de Counani et de Macari nous regrettèrent. Quelques centaines d'entre eux. déportés au loin, trompant une surveillance active, se riant de punitions sévères et bravant tous les dangers, revinrent dans de frêles pirogues de Maranhao à Macari et à Counani, par quatre-vingts lieues de haute mer.

Ces événements amenèrent Jeannet-Oudin, neveu de Danton et commissaire civil de la Convention en Guyane, à étudier la question des limites en vue de leur établissement définitif à la paix générale. En prévision d'une victoire certaine, Jeannet-Oudin rechercha ce qu'on pourrait bien prendre au Portugal du côté de l'Amazone, — toujours en s'inspirant du traité d'Utrecht. Le commissaire civil fit rédiger par le géographe Mentelle et le capitaine du génie Chapel, deux Mémoires qui furent envoyés au ministre de la marine. Malgré toutes ces sages précautions, les diplomates trouvèrent moyen de signer, le 20 août 1797, un des traités les plus ridicules de tous ceux qui régissent la matière. La frontière était reportée au Vincent-Pinçon ou Carsevenne. Jamais la Carsevenne n'avait été pris pour le Vincent-Pinçon, de là une nouvelle source de confusion. Et d'une. Accepter cette frontière était, de la part des diplomates français, accepter après la victoire une situation que la défaite n'avait pu nous imposer. Et de deux. Mais le Directoire ne ratifia pas le traité.

Le 6 juin 1801, un nouveau traité fut signé à Badajoz. La frontière devait suivre l'Araguary, de la grande bouche aux sources, puis, des sources, gagner le rio Branco en ligne droite. Voilà qui était parfait. Il était urgent, en effet, de délimiter nos prétentions, nos droits, dans les territoires de l'intérieur. Malheureusement — la diplomatie ne saurait penser à tout — il faut deux points pour déterminer une droite.

Or, un seul est indiqué : la source de l'Araguary. Quel est le point où la frontière va atteindre le rio Branco? Cette rivière ayant plus de huit cents kilomètres de cours, on voit qu'il y a là marge à contestation. D'ailleurs le traité de Badajoz ne fut pas ratifié par le premier Consul.

Le 29 septembre de la même année un nouveau traité fut signé, à Madrid. Par ce traité, interprétation un peu abusive du traité d'Utrecht, la limite est reportée au Carapanatuba, petite rivière qui se jette dans l'Amazone un peu au-dessus de Macapá, par un tiers de degré de latitude nord. Voilà qui est clair. La frontière suivra le cours du Carapanatuba jusqu'à sa source, d'où elle se portera vers la grande chaîne de montagne qui fait le partage des eaux ; elle suivra les inflexions de cette chaîne jusqu'au point où elle s'approche le plus du rio Branco. Ici, l'on commence à moins bien comprendre. Une frontière qui *se porte* vers une chaîne de montagnes dont elle suit *les inflexions jusqu'au point où cette montagne s'approche d'une rivière*... Comme tout cela est bien dit! Quelle précision! Faudrait-il appliquer à la diplomatie de ce temps la définition que Voltaire donnait de la métaphysique : L'art de se rendre inintelligible aux autres et à soi-même? — Voici le traité d'Utrecht. En gros il dit : La France n'est plus riveraine de l'Amazone. Et en dehors de cela tout est obscur. Or, on a fait vingt-trois explications officielles de ce traité, et elles sont toutes plus inexplicables les unes que les autres.

Victor Hugues, l'héroïque corsaire devenu gouverneur de Cayenne, soupçonnant la valeur des terres acquises entre l'Araguary et le Carapanatuba, envoya dans ces territoires une mission militaire qui revint émerveillée de la richesse du pays acquis et de son importance stratégique qui fait de ce petit plateau comme le Gibraltar de l'Amazone. Par malheur on n'attendit pas, pour le traité définitif, le rapport de la mission, et à Amiens nous acceptâmes de rétrograder jusqu'à la limite de l'Araguary.

Par le traité d'Amiens, du 25 mars 1802, les limites furent reportées à la grande bouche de l'Araguary, par 1° 1/3 de latitude nord, entre l'île Neuve et l'île de la Pénitence. La frontière suivra l'Araguary, le Vincent-Pinçon de La Condamine, depuis son embouchure jusqu'à sa source. La navigation du cours d'eau — il n'est pas navigable à cause de ses chutes — sera commune aux deux nations. De la source de l'Araguary, la frontière suivra une ligne droite tirée de cette source jusqu'au rio Branco. Notre frontière de l'intérieur est toujours, comme à Badajoz et à Madrid, une droite déterminée par un seul point.

Le traité d'Amiens est l'explication officielle définitive du traité d'Utrecht. Il est vrai qu'en 1814 on a annulé toutes ces explications et qu'on est revenu au texte même du traité primitif. Toutefois le traité du 25 mars 1802 mérite d'être étudié à titre de glose du traité du 11 avril 1713. Ce traité d'Amiens nous consacrait la possession de la côte au nord de l'Amazone. Mais s'il est très précis pour la région côtière, il l'est moins pour la région intérieure. Notre frontière est une ligne droite tirée *de la source de l'Araguary vers l'ouest jusqu'au rio Branco.*

On dira, peut-être, que *vers l'ouest* signifie *par la parallèle.* Mais non, car premièrement, on l'aurait dit; le mot était inventé dès cette époque et les diplomates savent bien ce que c'est qu'une parallèle. Et, de plus, la source de l'Araguary étant inconnue, elle peut se trouver à la hauteur de celle de l'Oyapock ou même plus haut, et alors la parallèle prendrait à la France une partie du haut bassin du Maroni, ce qu'il est absurde d'admettre; ou bien encore elle pourrait se trouver non loin des bords de l'Amazone et alors la parallèle passerait au sud du confluent du rio Branco avec le rio Negro. Il ne peut donc être question de la parallèle quand il est parlé d'une ligne allant vers l'ouest jusqu'au rio Branco. Que signifie donc...? Mais peut-être les diplomates avaient-ils l'intention d'aller tracer eux-mêmes leur droite sur le terrain, à travers les forêts jusqu'alors inviolées, de la Guyane centrale?

Dans son numéro du 25 mai 1885, le *Jornal do Comercio*, la plus grande feuille du Brésil et de l'Amérique du Sud, grand journal officieux de Rio de Janeiro, organe de la plus haute importance, éminemment grave et respecté, non moins que ministériel, étudiant la question du contesté franco-brésilien, conclut ainsi :

« Si, pour arriver à un arrangement à l'amiable et honorable pour les deux pays, on a recours à l'ancienne méthode, il y a peu de chances de voir aboutir les négociations.

» Aucun diplomate brésilien ne peut se targuer d'être plus patriote que Araujo Ribeiro, ni plus éclairé que le vicomte d'Uruguay. Aucun diplomate français ne peut se croire plus habile que le baron Rouen, ou mieux au courant de la question que le baron His de Butenval. Là où ces négociateurs ont fait naufrage, naufrageront aussi les autres.

Le moyen qui paraît le plus raisonnable est la nomination d'une commission mixte, franco-brésilienne, comme celles qui devaient fonctionner en 1817 et 1840. Les commissaires de chacun des deux pays iraient étudier le territoire litigieux, en faire la carte, et, sur les données fournies, les deux puissances résoudraient directement la question ou la soumettraient à un arbitrage.

Le moment est propice. La France est à la recherche d'un territoire colonial pour reléguer ses récidivistes. La philanthropie de la majorité républicaine répugne à colloquer ces malheureux sous des climats meurtriers. Le propre député de Cayenne refuse, au nom de sa colonie, le don fatal que la France veut faire à la Guyanne. Eh bien, il y a un moyen pour la France de trouver de suite un territoire de relégation pour ses récidivistes. Dans la partie du territoire contesté que le vicomte d'Uruguay proposa à la France, c'est-à-dire entre l'Oyapock et le Carsevenne, existent des prairies saines, fertiles, chaudes, mais non humides, où pourraient vivre honnêtement ces dégradés. La France a donc, par conséquent, des raisons spéciales pour entrer en accord avec nous.

» Ceci est déjà connu dans les hautes régions politiques de la France et le sera mieux encore après la prochaine discussion de la loi des récidivisies à la Chambre des députés, où est revenu le projet amendé par le Sénat. On dit que M. Franconie, député de Cayenne, parlera dans ce sens.

» Pour ce qui est de notre Brésil, nous voyons tous les avantages d'une solution immédiate et à l'amiable. S. M. Pedro II recueillera la gloire d'avoir pu régler un différend séculaire ; la province de Para, celle de l'Amazone — cette somptueuse Amazonie qui vit oubliée, inquiète, mécontente, où fomentent déjà des germes de séparation, tel est le dégoût que soulève chez elle l'indifférence du sud pour les intérêts les plus vitaux du pays — verrront disparaître les craintes de futures complications ; la colonie française de ces deux grandes provinces, colonie riche, nombreuse, estimée, influente, recevra avec des bénédictions une solution qui lui permettra de travailler et de se développer sans attirer les soupçons.

» Deux siècles de négociations, de traités, d'actes belliqueux, c'est assez. La commission mixte est la préface d'un arrangement diplomatique irrévocable et définitif.

» Les intérêts français sont considérables en Amazonie. Il y a plus. Quand partit de Para O senhor Henrique Coudreau, la Chambre de commerce de Para lui remit une pétition pour le ministre des affaires étrangères de la République française, sollicitant le prolongement de la ligne française de vapeurs qui va déjà de France aux Antilles et à Cayenne jusqu'à la ville de Para. Les relations entre la France et le Brésil deviennent chaque jour plus étroites. Il est nécessaire de les rendre de plus en plus cordiales. La commission mixte y contribuerait largement et établirait entre les deux nations une paix, une alliance perpétuelles.

» Ajourner un problème n'est pas le résoudre. Résolvons le problème du contesté de Guyane par la nomination d'une commission mixte pour en finir avec le litige. »

Voilà donc, la chose est assez claire, une excellente occasion qui nous est offerte par le Brésil, de régler le différend séculaire du contesté de Guyane. Les idées du grand journal officieux de Rio de Janeiro sont très loyales, très honnêtes, très sages et très pratiques, je m'y rallie sans arrière-pensée et viens chaudement vous les recommander. Empressons-nous de saisir aux cheveux cette occasion unique qui se présente à nous, acceptons les avances qui nous sont faites, et agissons.

C'était à prévoir : aussitôt après notre reculade le Brésil faisait un pas en avant. L'infraction à la convention toute récente de non occupation réciproque était absolument formelle. Lors de la fondation de notre poste de Mapa, en 1836, le Brésil avait été sur le point de nous déclarer la guerre. En France, l'occupation de la rive gauche de l'Araguary par le Brésil passa totalement inaperçue. Notre gouvernement, il est vrai, n'en fut informé, ainsi que la prise de possession de l'Apurema, que dix ou vingt ans plus tard.

En 1840, puis en 1850, une expédition brésilienne organisée à Paris devait partir pour occuper le Mapa. C'était de plus fort en plus fort. « Il s'agit, » disait bravement, à la Chambre des députés de Rio de Janeiro, le 19 avril 1850, M. Tosta, ministre de la marine, « il s'agit de fonder dans cette contrée une solide colonie, afin que nous puissions y assurer d'une manière effective notre possession. » L'expédition brésilienne ayant rencontré, dans les eaux de Mapa, un aviso français en surveillance; le gouvernement de Rio, pour se consoler de n'avoir pu installer sa colonie, se mit à protester avec indignation contre les agissements des Français. Le Brésilien est né diplomate.

En 1858, une nouvelle expédition, commandée par un lieutenant de douanes, partit de Para et entra dans le Counani, en plein territoire contesté. La population de Counani, composée d'esclaves marrons, reçut les annexeurs à coups de fusils. Alors le gouvernement de Rio se plaignit que la France entretenait à Counani des agents que soutenait Prosper Chaton, notre consul à Para. Le lieutenant passa capitaine et Prosper Chaton fut blâmé. Les nègres de Counani ne me rappelaient jamais ce fait sans indignation.

Je parle de ces choses sans aucun chauvinisme. J'aime beaucoup les Brésiliens. J'ai pour la grande nation sud-américaine une sympathie, une admiration, que je me permettrai de qualifier de raisonnées. Je suis partisan convaincu de la solution à l'amiable de la question du contesté franco-brésilien et j'ai la conviction qu'il est aisé, habile et utile d'arriver de suite à ce résultat. Mais ne m'est-il pas permis, sans me voir traiter en trouble-fête, de montrer combien notre conduite a été ridicule là-bas, depuis ces quarante derrières années? Sans être partisan d'une politique de matamore et d'envahisseur, n'est-il pas permis de rougir d'une politique d'abdication systématique ?

Les dernières négociations entre la France et le Brésil, au sujet des territoires contestés; durèrent trois ans, de 1853 à 1856. M. His de Butenval et M. le vicomte d'Urguay rompirent des lances dans un savant tournoi de géographie historique. M. le vicomte d'Uruguay nous offrit la limite du fleuve Carsevenne, dont on ne connaît pas la source mais seulement l'embouchure. Et M. His de Butenval offrit pour frontière la rivière Tartarougal qui a probablement une source, mais qui n'a pas d'embouchure, car la rivière se perd dans un laci de lacs et de marécages ainsi que je l'ai constaté. Ces doctes négociations n'aboutirent à rien.

Pardon, je me trompe. Ces négociations aboutirent à quelque chose. Les Brésiliens se tinrent ce raisonnement : « Puisque la France nous offre la limite de Tartarougal, le territoire entre Tartarougal et Araguary n'est plus contesté. » Et, en 1860, sans autre forme de procès, le président de la province de Para annexa ce territoire connu dans la contrée sous le nom de district de l'Apurema. Depuis vingt-cinq ans les Brésiliens l'administrent, y perçoivent des impôts, y ont des électeurs, et, quand j'y passai en 1883, on attendait l'installation d'un poste militaire envoyé de Para.

En 1883 et 1884, je révélai tous ces faits en haut lieu. Cela provoqua un petit échange de notes entre M. Jules Ferry et M. le baron d'Itajuba, chargé d'affaires de Brésil. On en écrivit dans les bureaux. Cela causa un petit ennui aux puissances — sans aucun résultat, comme bien vous pensez. Il fallait que quelqu'un payât les frais et la peine. Ce fut le malencontreux reporter. Et, aussitôt, l'incident fut enterré, avec les phrases d'usage.

On ne peut dire, cependant, que la question manque d'intérêt. Depuis deux siècles, elle a donné lieu à vingt-quatre traités ou conventions. Les plus illustres hommes d'Etat et diplomates français, portugais et brésiliens y ont attaché leur nom. Il suffit de citer parmi les Français, pour ne parler que des plus connus, les Choiseul, les Conti, les Maurepas, les Molé, les Talleyrand, les Polignac, les Guizot et les Thiers. Par quatre fois, en 1697, en 1794, en 1836 et en 1841, en pleine paix, cette question a donné lieu à des actes belliqueux fort graves. A trois reprises, en 1814, en 1817 et en 1841, elle a amené la nomination, par les deux gouvernements intéressés, d'une commission technique mixte.

Vous voyez donc bien que je ne viens pas inventer une nouvelle question coloniale. Je n'ai jamais pensé à prendre un brevet pour l'invention du différend franco-brésilien. Il existe, ce différend, c'est vrai, mais ce n'est pas ma faute à moi, c'est celle de Louis XIV. Le seul tort que je me reconnaisse dans cette affaire est d'avoir cru, et de croire encore, à la possibilité de vider de suite le litige par les voies pacifiques et à la nécessité, à l'urgence, à l'utilité d'arriver de suite à une solution. S'agit-il donc d'une aventure quand on parle d'en finir scientiquement, pacifiquement, à l'amiable, avec une question qui a fait perdre du temps à tous nos hommes d'Etat depuis Colbert jusqu'à M. Jules Ferry ? Est-ce donc quelque sinistre chicane que de demander au voisin, en vue d'éviter un procès, de rétablir entre deux propriété contiguës les bornes qui ont disparu ? Il ne s'agit pas de lever un lièvre, mais d'en tuer un qui court depuis déjà deux cents ans.

Or il n'est question aujourd'hui, dans toutes les droites comme dans toutes les gauches, que d'organiser notre domaine colonial. « Organisons, disent-ils, notre domaine colonial, apurons nos vieux comptes diplomatiques, fermons la porte à de nouvelles aventures. » Eh bien, voici une belle occasion de faire de l'organisation intelligente. Nous avons depuis deux cents ans, à l'embouchure de l'Amazone, un magnifique territoire indivis ; partageons ce territoire, délimitons la frontière : ce sera organiser la paix, les bonnes relations, la prospérité. Ne pensez-vous pas, comme moi, que si l'on veut réellement se mettre à organiser notre domaine colonial, on ferait bien de commencer par vider nos vieux comptes embrouillés ? Les bons comptes font les bons amis et la prairie de la bouche nord de l'Amazone vaut bien une commission technique.

Nous avons, disait récemment un de nos hommes d'État, nous avons des droits sur divers territoires disseminés dans les cinq parties du monde. Mais chaque revendication ne peut venir qu' à son heure. » Mot profond, admirable programme de politique coloniale pratique. Mais puisque nous voulons faire de la politique coloniale sérieuse, pourquoi ne commencerions-nous pas notre liquidation en nous attaquant immédiatement à ceux de nos droits les plus anciens, les plus connus, ceux-là surtout que nous pouvons établir, faire valoir, solutionner si je puis dire, aisement, pacifiquement, sans un crédit, sans une interpellation, sans faire manœuvrer un aviso, sans déplacer une escouade, sans renverser un cabinet ? Nous faisons de grandes dépenses en hommes et en argent pour acquérir de nouvelles possessions, et nous en dédaignons d'autres qui seraient nôtres depuis des siècles, si nous avions seulement voulu faire les frais d'une délimitation à l'amiable !

J'entends d'ici gémir les effarés : « Pourquoi réveiller cette question du contesté franco-brésilien. Elle dormait d'un sommeil si profond ! Qui sait les ennuis qu'elle va nous causer maitenant qu'elle est réveillée ! « Mais point n'est besoin de le réveiller, la question du contesté de Guyane, elle ne dort pas du tout, elle ne sommeille même pas. Depuis deux cents ans elle a fait assez tirer de coups de fusil et de coups de canon, assez disputer les hommes d'Etat et les diplomates, assez écrire de rapports, de mémoires et d'in-quarto, pour qu'on ne la suppose pas en léthargie. A Paris même, de temps à autre, elle a agité les esprits. Mais c'est surtout là-bas, en Amazonie, qu'elle est vivante, quelle passionne. Nous avons en Amazonie une colonie française, nombreuse, riche et prospère autant qu'estimée. Eh bien, cette colonie, à cause de de cette malheureuse question du contesté, se voit fréquemment en butte, de la part d'une population qui, pourtant, a beaucoup de sympathie pour nous, à de fâcheuses suspicions. Il ne faut pas que les Allemands, les Anglais et les Américains soient écoutés quand ils présentent nos frères de l'Amazonie comme l'avant-garde de notre future armée d'invasion. Nous avons de grands intérêts dans ce merveilleux marché du Brésil, dans cette admirable vallée amazonienne ; n'allons pas les sacrifier à la peur ridicule que nous causerait l'idée d'une délimitation à l'amiable. Pour s'être refusé à la très peu troublante aventure d'une commission technique, on ouvrirait pour l'avenir, pour un aveuir prochain peut-être, la porte à toutes les aventures.

D'ailleurs il y a plus. Ce n'est pas moi qui viens, en tant que voyageur français connaissant la matière, vous recommander un procédé à mo pour régler le différend franco-brésilien. Non. Le Brésil, nous fait des ouvertures, et c'est de ces deux ouvertures que je viens vous entretenir.

En 1809, les Anglo-Portugais s'emparaient de Cayenne, qui fut remise aux Portugais. Le 30 mars 1814, le traité de Paris stipule que la Guyane sera restituée à la France, telle qu'elle était au 1er janvier 1792. Les contestations au sujet des limites, contestations dont les traités de 1796, de Badajoz, de Madrid et d'Amiens, n'avaient été que des explications plus ou moins heureuses et plus ou moins libres, seront réglées à l'amiable. La France et le Portugal nommeront des commissaires qui se réuniront sur les lieux pour trancher le différend. La France nomma Victor Hugues, qui partit aussitôt pour Cayenne. Mais le Portugal ne nomma personne. Ainsi échoua la première tentative de solution à l'amiable du différend au moyen d'une double commission scientifique.

Non-seulement le Portugal ne voulait pas nommer de commissaires, mais il ne voulait même pas rendre la colonie. Les traités de Vienne eurent beau venir confirmer celui de Paris, les Portugais restaient toujours à Cayenne. Le Portugal ne nous restitua la Guyanne, en avril 1817, après d'inutiles négociations auxquelles avaient pris une part active Wellington et le duc de Richelieu, que sur la menace faite par le gouvernement français de s'emparer par la force des territoires situés entre le Maroni et l'Oyapock, et à la nouvelle que l'expédition, déjà organisée, allait partir.

La convention de remise eut lieu le 20 août 1817. Une double commission scientifique fut, pour la seconde fois, chargée de vider à l'amiable le différend. Les deux nations devaient nommer des commissaires qui exploreraient les territoires litigieux et auraient un an pour s'entendre. Si, au bout d'un an, ils ne s'entendaient pas, le Portugal et la France prendraient l'Angleterre comme médiatrice. Il n'y eut ni commission ni médiation et on ne s'occupa plus du contesté.

Peu après, en 1822, le Brésil se rendait indépendant. De 1834 à 1838, une grande guerre civile, le *cabanage*, ensanglantait les provinces du Nord. Dès le début de cette espèce de jacquerie brésilienne, le gouvernement français donnait ordre au gouverneur de Cayenne d'occuper toute la côte au nord de l'Amazone, de l'Oyapock à l'Araguary. Cependant, les esclaves fugitifs et les soldats déserteurs se réfugiaient en masse dans les territoires litigieux. Il importait de ne pas laisser se masser sur la côte contestée une population aussi peu recommandable. M. du Choisy dut établir, en 1836, par ordre du gouvernement central et de concert avec l'amiral Duperré, un poste français sur l'îlot qui séparait le lac de Mapa de celui de Macari. On mit cinquante hommes dans ce poste, qui fut appelé poste de Mapa, et le petit détachement opéra des reconnaissances jusqu'à l'Araguary. On était en pleine paix. C'est le troisième acte belliqueux auquel donna lieu la question du contesté. Les circonstances, cependant, justifiaient notre décision, de même aujourd'hui, si quelques milliers de récidivistes s'évadaient et passaient l'Oyapock — chose improbable, car le bagne est doux — le Brésil serait à moitié excusable s'il installait un poste militaire à Counani ou à Cachipour. Alors, sans doute, nous réclamerions. C'est aussi ce que fit le Brésil en 1836. Le président de la province de Para protesta énergiquement. Dans le sud, notamment à Rio de Janeiro, une ligue se forma contre nous · les Brésiliens jurèrent de n'acheter aucun produit français. *A Liga Americana*, le fameux journal d'Odorico Mendès, prêchait ouvertement la guerre.

Toutefois, l'insurrection éteinte à Para, de longues négociations eurent lieu entre la France et le Brésil au sujet de Mapa. Pour la troisième fois, des commissaires démarcateurs, des deux nations, durent être nommés. Mais cette fois ce fut le Brésil qui, seul, envoya sa commission, dont le chef était l'économiste Souza Franco. M. Guizot agitait alors avec le Brésil des projets d'alliances dynastiques. Il fit évacuer Mapa pour faire réussir un mariage qui ne réussit pas. Devant un si beau résultat, on ne pensa plus à régler le litige. Mais la forme fut sauvée : un traité solennel intervint le 5 du mois de juillet 1841. Il maintenait le *statu quo* tel qu'il résulte du traité d'Utrecht et stipulait la non-occupation réciproque.

Les Brésiliens, voyant les dispositions très conciliantes du ministère français, ne voulurent pas se contenter du petit succès diplomatique qu'ils venaient de remporter. A peine M. Guizot avait-il signé son traité que le gouvernement de Rio faisait établir, sur la terre qui avait été si solennellement neutralisée la veille, la colonie militaire de Pedro II sur la rive gauche de l'Araguary.

Importance du territoire contesté.

Il est une objection, cependant, qu'il est bon de prévoir et à laquelle il faut répondre à l'avance, car c'est la seule sérieuse qui puisse être faite.

Pourquoi, pourrait-on dire, pourquoi ne pas abandonner purement et simplement ces territoires au Brésil? La Guyane française, après deux siècles de possession effective, après des tentatives de tous genres, est encore déserte. Nous ne l'avons peuplée que des cadavres de nos colons. Et nos millions, par centaines, y ont été enfouis en pure perte. A quoi bon nous occuper d'une nouvelle Guyane quand l'ancienne nous a si mal réussi? Ce vieil ossuaire ne peut-il point contenir les squelettes des récidivistes que nous allons y envoyer mourir?

Pour moi, je ne vois point dans le territoire contesté une annexe au cimetière voisin. Les deux territoires sont contigus, mais ne se ressemblent pas. Certes, la Guyane de Cayenne ne m'inspire pas beaucoup d'enthousiasme. On peut s'en convaincre en parcourant les diverses études que j'ai déjà publiées ou que je publie actuellement sur la colonisation française dans cette contrée. Mais je fais plus de cas du territoire contesté que de dix colonies comme celle de Cayenne.

Le territoire contesté, passez-moi l'expression, en vaut la peine. Ce n'est plus, comme dans la vieille colonie, la forêt vierge, marécageuse, malsaine, ininterrompue, impénétrable, indéfrichable, c'est la prairie, élevée, simple, aisément accessible où les blancs peuvent travailler sans mourir, faire souche, coloniser. C'est parce que je connais, dans cette région guyanaise, et la forêt et la prairie, que je suis sceptique à l'égard de la première, enthousiaste à l'endroit de la seconde. J'ai vu ce que des blancs, des Portugais du nord, des Gallegos, c'est-à-dire à peu près des Saintongeais, des Bretons ou des Normands, ont fait dans les prairies de l'Amazone et du Rio Branco, et j'en ai été émerveillé. Celle qui nous occupe, de l'Oyapock à l'Uruguay, au nombre des plus sèches, des plus saines, des plus européennes de climat, mesure au moins 40,000 kilomètres carrés, soit environ six ou sept départements français. Toutes les prairies de la Guyane française, mises ensemble, ne mesurent pas l'étendue d'un de nos arrondissements Ce que le Brésil nous a offert du territoire contesté en 1856, de l'Oyapock au Carsevenne, est grand comme trois de nos départements, seulement pour ce qui est de la prairie; et ce que nous lui en demandons, jusqu'à la frontière de Tartarougal, mesure une superficie double. De sorte que les savanes que nous pouvons acquérir dans le territoire contesté représentent à peu près l'étendue ordinaire d'une province française, — quatre ou cinq départements, — sans parler d'une surface dix fois plus considérable en forêts. Dans ces prairies, l'élevage donne des résultats merveilleux. Les bœufs de l'Apurema sont aujourd'hui réputés les meilleurs de l'Amazonie. Les savanes d'Ouassa, de Counani et de Mapa, sont connues pour être des meilleures de l'Amérique du Sud. Et là l'air est sec, le climat sain, le travail des blancs possible.

S'il est une contrée au monde où l'on puisse utiliser, employer sans barbarie, à des œuvres utiles, transportés et récidivistes, au lieu de les vouer à une mort certaine dans des œuvres inutiles ou impossibles, c'est là. Dans les forêts du Maroni où on les installe actuellement, ou bien ils mourront en masse avant d'avoir rien fait, ou bien l'administration pénitentiaire, dans la charité de son cœur, se mettra à les traiter en pensionnaires de l'Etat, comme elle a fait jusqu'à ce jour pour les forçats qu'on lui a confiés. Les pénitenciers de la Guyane deviendront l'hôtel des Invalides des bandits coloniaux et des chenapans métropolitains. Et c'est probablement ce qni arrivera, parce que les travaux préparatoires étant mortels pour l'Européen dans la forêt guyanaise, au lieu d'envoyer ses parias en masse à l'abattoir, préfèrera faire sur eux des essais de moralisation en chambre. Ce qui, au bout de très peu de temps, domine dans tout directeur d'administration pénitentiaire, c'est le moraliste expérimentateur. Le travail tuerait ses sujets d'étude ; eh bien ! il leur fera la vie douce. Si vous décrétez à Paris la guillotine sèche, au Maroni vos exécuteurs des hautes œuvres s'improviseront en petits Benthams.

Ce n'est que dans la prairie du territoire contesté qu'on pourra faire travailler, et travailler utilement, récidivistes et forçats. Dans cette prairie, les travaux préparatoires n'occasionneront pas une forte mortalité dans les rangs des travailleurs. Le travail y sera relativement aisé et il y sera largement rémunérateur pour ceux d'entre les relégués qui auraient droit à un travail plus ou moins libre. En peu d'années serait réalisé ce double desideratum : la moralisation des demi-coupables et des égarés par un labeur possible et fécond ; l'aménagement du sol en vue de l'installation ultérieure des colons libres. Donc, délimitez la frontière pour installer vos récidivistes dans la seule partie de la Guyane où nous puissions intelligemment et honnêtement les reléguer : dans la prairie du territoire contesté.

On peut encore envisager la question à un autre point de vue, et plus grave. Tellement grave, qu'on ne peut guère insister. Maintenant que vous envoyez 20,000 récidivistes en Guyane, vous allez laisser subsister le contesté ? Mais des bandes de récidivistes n'auront qu'à s'évader — chose ni difficile ni rare, — et ils formeront une république de chenapans entre la Guyane et le Brésil. Ni le Brésil, ni même la France ne sauraient, le cas échéant, tolérer un tel état de choses. Prenez les devants ; établissez une frontière qui rende l'extradition possible. Sans cela le Brésil ne tardera pas à faire entendre de violentes mais justes réclamations. Gardons-nous de ce côté, Nous pourrions avoir, là un jour, plus tôt qu'on ne pense, une bien grosse affaire. Et nous en avons assez comme cela, de par le monde.

La frontière une fois délimitée, il se formera dans l'avenir, dans la prairie de l'Oyapock, au lieu d'une tribu de forçats en rupture de ban, une colonie française de peuplement, dont l'heureux développement est assuré par l'excellence du climat et la facilité du travail dans les savanes, et dont la présence à l'embouchure de l'Amazone ne sera pas sans intérêt pour la patrie française.

Cet avantage de nous valoir, à l'embouchure de l'Amazone, un beau territoire de colonisation nationale qui serait, en attendant, le plus excellemment choisi de tous nos ateliers pénitentiaires, n'est pas le seul que nous présenterait la solution du différend franco-brésilien. On a pu voir, récemment, en 1883-84, à propos de ma très pacifique exploration de la région litigieuse, combien était chatouilleux, à cet endroit, le patriotisme brésilien. Il serait donc sage et prudent de détruire à jamais, entre deux nations amies, ce perpétuel ferment de discorde. Il est, en effet, bien évident, qu'il y a un intérêt majeur pour la France à n'avoir que de loyaux amis parmi ces jeunes peuples latins qui sont déjà au nombre de nos meilleurs clients. Nous avons là d'immenses intérêts d'influence. Aux Latins, le monde latin. Et certes nous trouverions chez le Brésil, le jour où la situation serait devenue absolument nette, où il ne pourrait plus exister entre nous ni sous-entendus, ni réticences, un débouché d'activité et d'influence que peuvent soupçonner ceux-là seuls qui ont vécu au milieu de cette jeune et noble nation si ardemment enthousiaste de tout ce qui vient du pays qu'elle considère, à bon droit sans doute, comme la métropole de tous les néo-Latins.

Opportunité de la solution du différend.

On se demandera peut-être, tout en reconnaissant l'utilité d'une prompte solution à l'amiable et les heureux résultats qu'elle ne manquerait pas d'avoir, si le moment est réellement bien choisi pour faire au gouvernement du Brésil, malgré l'opinion de la presse officieuse, ministérielle, de Rio de Janeiro, une semblable ouverture. Il me semble que le moment n'a jamais été plus opportun. En effet, le président du Conseil des ministres, M. le baron de Cotegipe, chef du parti conservateur actuellement aux affaires, s'est d'abord fait connaître par ses travaux sur les territoires litigieux de l'Empire, et notamment sur le territoire des Missions, contesté entre le Brésil et l'Argentine. L'honorable et illustre homme d'État, après s'être toujours prononcé en faveur de la solution à l'amiable, mais aussi prompte que possible, des questions pendantes à propos des territoires contestés entre le Brésil et les nations qui l'entourent, vient, en septembre dernier, à peine en possession du pouvoir, d'arriver au règlement du différend avec l'Argentine. Ce règlement a été un véritable évènement, un coup de foudre pour toute l'Amérique du Sud qui n'avait cessé de redouter depuis cinquante ans un conflit toujours imminent entre les deux grandes nations américaines à propos de ce territoire des Missions. Ajoutons aussi que le gouvernement du Brésil ne voit pas sans une certaine inquiétude la France écouler ses récidivistes dans une colonie qui n'est séparée de la province de Para que par un territoire déjà peuplé aujourd'hui d'esclaves fugitifs et de soldats déserteurs, et cette particularité le rend tout favorable à l'idée d'une solution immédiate. On voit donc que le moment n'a jamais été plus opportun pour que les ouvertures de la France en vue d'un règlement, après étude préalable sur les lieux, puissent être accueillies favorablement par le gouvernement de Rio.

Moyen le plus simple de résoudre la question.

Il ne me reste plus à aborder qu'une seule objection, mais elle est grave.

Il ne doit pas être si aisé, dira-t-on, de résoudre cette question du contesté franco-brésilien, puisque les plus illustres diplomates et hommes d'État de la France, du Portugal et du Brésil y ont échoué; puisque après vingt-quatre traités ou conventions, on voit moins clair dans l'affaire.

Il est hors de doute, je le crois, que si l'on ne se propose, comme on l'a fait jusqu'à ce jour, que d'expliquer le traité d'Utrecht et les vingt-trois autres qui lui servent d'explications, on n'arrivera à rien, car ce traité et ses vingt-trois commentaires sont, dans leurs détails, d'une incompréhensibilité transcendante. Je me suis appliqué à l'étude de ces œuvres diplomatiques ; j'ai lu les dissertations auxquelles elles ont donné lieu, un peu partout, et dans le sein même de la Société de géographie, de la part de M. d'Avezac, répondant à Caëtano da Silva, il y a quelque trente ans. Eh bien, je suis forcé de l'avouer, j'ai trouvé tout cela obscur jusqu'au sublime. Je n'y ai rien compris. Ou plutôt, pour parler plus exactement, j'ai compris tout ce que j'ai voulu. Si cela peut vous être agréable, je vais me mettre à vous démontrer, tout de suite, d'une façon bien évidente, que nous avons droit à la totalité des territoires qui s'étendent jusqu'à l'Amazone et au Rio-Negro. Mais, si d'aventure il se trouvait dans cette salle un Brésilien, il n'aurait, de son côté, aucune peine à vous démontrer, d'une façon non moins évidente, que le Brésil a un droit bien fondé sur tous les territoires qui s'étendent jusqu'aux Tumuc-Humac et l'Oyapock. Désintéressés comme vous l'êtes, vous seriez fort embarrassés pour vous prononcer. C'est besogne ardue que de chercher la vérité. Voici des milliers d'années que l'humanité en fait l'expérience. Dans le cas actuel, ou bien vous vous prononceriez au hasard, ce qui est de la sagesse pratique de tous les jours, ou bien, ne vous souciant pas autrement de vider la question, de guerre lasse, vous videriez la salle.

Cependant, il est une chose sur laquelle, vous, mon Brésilien supposé et moi, tomberons certainement d'accord. Il existe, entre la France et le Brésil, dans la Guyane du Sud, un territoire qui est contesté : voici un fait absolument indéniable. Il est difficile de déterminer d'une façon précise les droits de chacun, puisque depuis deux cents ans, cent cinquante diplomates de marque ont en vain peiné à la tâche. Les Brésiliens ne veulent pas cependant, et nous non plus nous ne voulons pas — bien que nous n'ayons pas envie de nous canonner pour de telles misères — renoncer purement et simplement à des droits acquis. Eh bien, puisque la diplomatie n'a réussi — ce qui était un peu autrefois le rôle de la diplomatie — qu'à embrouiller extraordinairement la question, si nous laissions là la diplomatie et ses énigmatiques documents, et si nous remettions au simple bon sens la solution de l'affaire ? Si nous proposions au Brésil, au lieu de discuter avec lui sur des droits hypothétiques ou périmés, de faire un partage équitable à l'amiable ? que dis-je, proposer ! si nous acceptions, veux-je dire, ce que le Brésil nous propose ? Voyons quels sont les territoires qui sont bien réellement contestés, non pas dans l'imagination exaltée, l'ardeur intransigeante de quelques chauvins isolés, mais dans la réalité historique. Puis, après étude technique sur les lieux, des territoires réellement en litige, partageons.

Ainsi débarrassés de l'encombrant bagage diplomatique, table rase étant faite des vingt-trois inexplicables explications du traité d'Utrecht, l'édifice étant nettoyé de la végétation parasite qui le cache, tablons sur le *statu quo*. Ce qui est actuellement sous l'influence française restera français, sous l'influence brésilienne restera brésilien, ce qui est réellement neutre sera partagé. C'est là le principe dont s'est servi le baron de Cotegipe pour résoudre tous les différends territoriaux du Brésil avec les nations limitrophes. Ce principe me paraît, dans l'espèce, parfaitement acceptable.

Le statu quo. — Le pays contesté. — Méthode a priori et méthode expérimentale.

Pour bien établir le *statu quo*, résumons et concluons.

Le traité d'Utrecht dit, en substance, que S. M. T. F. aura la possession des *deux bords*, des *deux rives* de l'Amazone. Quelle que soit la bonne volonté qu'y puisse mettre notre patriotisme, nous ne pouvons croire de bonne foi, que cette renonciation, de la part de Louis XIV, implique seulement renonciation par la France à la navigation du grand fleuve. Mais est-ce à dire que le traité d'Utrecht nous enlève la totalité du bassin septentrional de l'Amazone? Non, il n'est nullement question de cela. Le traité d'Utrecht, tout en nous écartant de la rive septentrionale du fleuve, laisse indéterminée la frontière des territoires de l'intérieur. Pour ce qui est des territoires de la côte, le traité laisse au Portugal les Terres du Cap du Nord et nous donne pour limite la rivière de Vincent-Pinson. Or, la vérité vraie est que notre plénipotentiaire n'avait pas la moindre idée de la difficulté géographique qu'on lui proposait, et que c'est en pleine connaissance de cause que les Portugais essayèrent de faire prendre pour l'Oyapock cette rivière de Vincent-Pinçon qui n'était autre que l'Amazone, et de faire accepter, sous la dénomination, d'ailleurs vague et arbitraire, de terres du Cap du Nord toute la région comprise entre le grand fleuve et notre frontière orientale incontestée Toutefois notre diplomatie n'accepta jamais cette confusion et, depuis le traité d'Utrecht, elle a réclamé constamment pour limite le Carapapori, bras septentrional du delta de l'Araguary, l'Araguary, puis, de ce fleuve, une ligne droite tirée vers l'Ouest jusqu'au rio Branco. Depuis l'obstruction du Carapapori, vers la fin du siècle dernier, on n'a cessé de demander comme frontière la totalité du cours de l'Araguary et la fameuse ligne vers le rio Branco, quitte à offrir une compensation dans les territoires de l'intérieur, pour les terres revendiquées d'entre Carapapori et le bas Araguary. La frontière historique du pays contesté est donc l'Araguary et la ligne vers le rio Branco. Nous avons un droit diplomatique sur les territoires se trouvant au nord de cette frontière.

Mais entre ces droits diplomatiques qui représentent les prétentions extrêmes de la France, et la possibililité d'un accord, il y a un abîme. Il est bien évident que le Brésil n'acceptera pas de tabler avec nous sur de telles prétentions. La seule affirmation officielle par notre gouvernement de semblables revendications aurait pour résultat immédiat de nous mettre en fort mauvais termes avec l'empire. Un médiocre arrangement vaut mieux qu'un bon procès. Et d'ailleurs il faut bien tenir compte du principe du fait accompli, principe qui, en Amérique et partout, régit et simplifie cette question toujours obscure des pays contestés.

Nous ne pouvons plus aujourd'hui, faire valoir nos prétentions jusqu'au rio Branco, le rio Branco ne saurait être contesté, car les Brésiliens l'exploitent et le peuplent. Les territoires indéterminés de l'intérieur sur lesquels nous pouvons revendiquer un droit diplomatique ne sauraient être étendus, à l'ouest au-delà des contreforts du système des Montagnes de la Lune ; au sud au-dessous des derniers points occupés par la colonisation brésilienne en amont des affluents de gauche de l'Amazone entre Manaos et Macapa. Ces territoires, purement indiens, libres de toute influence brésilienne, presque inconnus, ou pour mieux dire, n'ayant été visités que par de très rares explorateurs, — deux, Crevaux et moi, — forment une zone assez étroite au sud des Montagnes centrales. Tel est notre contesté diplomatique dans les territoires de l'intérieur.

Mais déjà, la réserve absolue de nos droits sur ces territoires au sud des Montagnes centrales, ainsi délimités, serait probablement de nature à empêcher toute entente, si nous n'acceptions pas, en principe, le système des compensations. Il nous faut consentir, virtuellement, à renoncer à nos droits sur ces territoires, moyennant une compensation sur la côte.

Avons-nous donc un si grand intérêt à nous annexer le versant méridional des Tumuc-Humac et des Montagnes de la Lune? En admettant la possibilité de les obtenir sans dépenser, chose peu probable, pas mal de millions et de soldats, je crois que ce ne serait pour la France qu'une nouvelle charge sans compensations sérieuses. C'est la prairie de la côte, la côte elle-même qui nous importent.

Et, puisque, historiquement, l'obstruction du Carapapori qui nous a obligés, pour avoir une frontière sérieuse, de réclamer pour limite l'embouchure, aujourd'hui unique, de l'Araguary, nous a amenés aussi à offrir pour ce fait une compensation dans les territoires de l'intérieur, oh! abandonnons sans regret tous ces territoires au sud des Tumuc-Humac et des Montagnes de la Lune, moyennant des compensations, même modestes, sur la côte. Nos droits diplomatiques sur ces territoires sont incontestables, mais, pour arriver à une entente, offrons de les abandonner en échange d'une compensation dans le Mapa et les Terres du Cap du Nord. Et alors, acte pris du principe accepté, nous délimiterons définitivement le pays contesté de la manière suivante : l'Oyapock, l'Araguary et la ligne de partage des eaux entre les sources de ces deux fleuves.

Si nous nous souvenons maintenant qu'en 1856 le Brésil nous a offert la limite de Carsevenne et que nous lui avons offert alors celle de Tartarougal-Grande, à 135 kilomètres plus au Sud, nous nous rendrons compte qu'il ne serait pas impossible de nous entendre puisqu'il ne reste de contesté que le Mapa, entre Carsevenne et Tartarougal, c'est-à-dire un territoire de 20,000 kilomètres carrés, peuplé de 600 habitants. Toutefois, n'oublions pas que nous ne renonçons, virtuellement, aux territoires du sud des Montagnes centrales, que pour obtenir, dans la région côtière, une compensation équitable.

Pourquoi l'entente ne s'est-elle pas faite jusqu'à ce jour? Parce qu'on a *discuté* sur des *droits* au lieu d'*étudier* des *faits ;* on a voulu *prouver* au lieu de se borner à *constater*. La méthode diplomatique appliquée au règlement de ce différend est mauvaise, puisque voici deux cents ans qu'elle échoue. Elle échouerait encore ; il faut l'abandonner et remettre à une autre méthode, la méthode scientifique, le règlement du différend. La méthode *a priori* est condamnée, il faut adopter la méthode *expérimentale*.

Règlement du différend par une Commission franco-brésilienne d'exploration du pays contesté.

Dans ces conditions, quel est le moyen de solution à l'amiable qui se présente de suite à l'esprit, qui s'impose? Celui que nous indiquent les Brésiliens. Une Commission franco-brésilienne pour l'exploration du territoire contesté. Cette Commission explorerait, étudierait les territoires litigieux, et donnerait avec son rapport un projet de frontière, projet unique, si le commissaire français et le commissaire brésilien arrivaient à s'entendre, double dans le cas contraire. Sur ces données, les deux gouvernements pourraient, ou ratifier purement et simplement, ou s'en remettre à un arbitrage franco-brésilien ou étranger, statuant sur les données de la Commission mixte. Car enfin, pour la première fois, toutes les données véritables du problème auraient été réunies.

Mais, dira-t-on, puisqu'il s'agit d'un procès qui dure depuis si longtemps, on doit, dès aujourd'hui, posséder une foule de documents. On n'a pas besoin de nommer une Commission d'exploration, de refaire encore une fois la carte du territoire contesté. Erreur, mille fois erreur; cette carte n'a jamais été faite, et là est, précisément, le piquant de l'histoire. Les diplomates ont disserté doctement sur des difficultés géographiques, sans avoir sous les yeux la moindre carte d'ensemble un peu avouable. Je n'insiste pas, car l'étude des fantaisies géographiques de ces messieurs, relève du *Charivari* et non de la Société de géographie. J'arrive de là-bas et je sais ce que je dis.

Il faut donc commencer par faire la carte du pays. Ni Reynaud en 1838, ni José da Costa Azevedo en 1864, ni moi en 1833, n'avons pu étudier plus de la dixième partie de la contrée. Or, il importe d'en saisir et fixer une bonne fois la topographie d'ensemble; car ces terres, surtout dans la partie littorale et spécialement pour ce qui est du Mapa et des terres du cap du Nord, sont soumises à de continuelles modifications topographiques. Elles sont sans cesse bouleversées par les apports de l'Amazone et par de profondes et rapides commotions géologiques qui affaissent ici et soulèvent là. Elles sont, dans leurs détails, en formation et déformation incessantes; dans leur ensemble, en croissance régulière. Exactement comme dans les deltas des grands fleuves, on voit, entre l'embouchure de la Mapa et celle de l'Araguary, les alluvions modernes, le quaternaire actuel, faire reculer la mer et bouleverser tous les jours le relief des apports récents. Ainsi, le canal de Carapapori a disparu, les lacs du Mapa ont été bouleversés : les relevés de Roumy et de Dor, les commandants du poste français de Mapa, de 1836 à 1840, et ceux de José da Costa Azevedo, en 1861, ne sont plus reconnaissables. J'avais ces documents sous les yeux pendant mon voyage dans le Mapa, et je pouvais constater, à chaque instant, qu'en quarante années ou même vingt, la physionomie du district s'était complètement transformée. Ceci pour les régions qui ont été étudiées. Mais il y a plus. Nous ne possédons encore aucun document sur la région marécageuse des lacs côtiers entre l'embouchure de la Mapa et celle de l'Araguary, ni sur l'île Maraca, ni sur les hauts de Tartarougal, de Coujoubi, de Fréchal, de Mapa-Grande, de Mayacaré, de Carsevenne, de Counani et de Cachipour. Il nous faut donc, avant tout, établir une bonne carte des territoires litigieux.

Donc, envoyez une Commission, j'entends une Commission de vrais explorateurs et non pas de grands fonctionnaires ou de diplomates, une Commission modeste, sans grand appareil, étudier le pays. Cette mission vous renseignera sur les populations, leur vie économique et politique, leur distribution, leur race, sur l'économie générale des prairies, des lacs et des forêts et vous ramassera, pour ainsi parler, les matériaux d'une monographie encyclopédique du pays contesté franco-brésilien. En un an, la besogne pourrait être terminée. Quand on se sera bien rendu compte de la valeur exacte des districts contestés, de la répartition par rivière des populations aborigènes ou émigrées, de la valeur comparée des terres des différentes régions, — alors, mais alors seulement, on pourra s'entendre pour le partage à l'amiable. Ce n'est pas à l'aveuglette qu'on peut tracer une frontière dans un territoire grand comme le tiers ou le quart de la France. Il faut bien connaître l'ensemble et les détails pour procéder à un partage équitable. Car, ne croyez pas qu'après deux siècles, le Brésil ni la France puissent se contenter d'une frontière par à peu près, tracée dans les chancelleries.

Mais, direz-vous, par quel procédé pratique arriver à constituer cette Commission franco-brésilienne d'exploration du pays contesté de Guyane ? On commencera, n'est-ce pas, par disputer sur les frontières ? Mais jamais on ne s'entendra ; vous faites une pétition de principes. Il est bien certain que, si les deux gouvernements commencent par échanger des notes à ce sujet, la chose sera longue à aboutir. La diplomatie vit surtout d'ajournements. Et si ses casuistes se mettaient de nouveau à ressasser, à propos de la malheureuse rivière de Vincent-Pinçon, leurs pénibles élucubrations de géographie intentionnelle, nous en aurions probablement pour bien longtemps encore avant de voir la question avancer d'un seul pas.

Mais voici qui me semble beaucoup plus pratique, plus expéditif. Le gouvernement français, prenant acte des déclarations de la presse officieuse brésilienne, ou profitant de la première réclamation du chargé d'affaires du Brésil au sujet du territoire contesté — il y en a tous les six mois — nomme une Commission chargée d'explorer, d'étudier, aux points de vue géographique, ethnographique, économique et autres, la région litigieuse. Pour cela, point n'est besoin d'attendre quoi que ce soit, la Commission pourrait être nommée dès demain. On n'a pas besoin de l'autorisation du Brésil pour envoyer une mission scientifique dans le pays contesté. Le Brésil, lui, ne nous a pas demandé notre assentiment pour envoyer les siennes dans le Mapa. La Commission nommée, le gouvernement français informe du fait le gouvernement brésilien et l'invite à envoyer également, dans la même région, une Commission scientifique brésilienne, afin, expliquerait notre diplomatie, d'arriver à régler à l'amiable le différend, après étude technique de la contrée. J'ai la conviction que si l'on procède ainsi, la double Commission peut commencer à fonctionner dès le printemps prochain. En tout cas, la France aurait toujours son étude complète du territoire litigieux, ce qui serait notre plus solide argument devant un arbitrage. Mais le Brésil, dont nous avons vu plus haut les sentiments à ce sujet, ne manquera pas de répondre à nos ouvertures et d'envoyer sa Commission. Peut-être même, d'ici à fort peu de temps, étant données les dispositions dans lesquelles on se trouve à cet endroit à Rio de Janeiro, des propositions officielles nous seront-elles faites dans ce sens. Donc, il n'y a aucun inconvénient à ce que nous prenions les devants, et, ne faisant que nous inspirer d'une idée brésilienne, nous dépêchions là-bas une mission pour faire la topographie de la contrée. Car, pour nous, il y a urgence, et maintenant que nous savons le fer chaud, il faut nous mettre à le battre. Il n'y a aucune nécessité à s'entendre, par télégraphe, sur le choix des commissaires, et à les envoyer solennellement faire campagne commune. Les deux missions peuvent opérer séparément. L'essentiel, pour nous, est de ne pas laisser refroidir l'accasion.

Que vous dirai-je de plus ? Je ne suis pas un inventeur, je ne viens pas vous faire l'article pour une nouveauté suspecte. Je viens simplement vous rappeler que par trois fois, en 1814, en 1817 et en 1841, ce vieux compte louche allait être apuré, grâce à la nomination d Commission technique franco-brésilienne. La première fois, la Fr seule envoya son délégué, la troisième fois ce fut le Brésil, la seco personne ne bougea. Si, à ces époques, on s'en est tenu à l'intent c'est que nous nous désintéressions alors un peu trop des quest coloniales, et que nous ne savions pas assez tous les maux, comme les biens, dont ces questions-là sont grosses. Depuis, nous avons j assez cher pour acquérir un peu d'expérience. Aujourd'hui, une 1 velle occasion se présente, le Brésil nous fait officieusement des ou tures. Acceptons et allons de l'avant.

Le Brésil, lui, en a déjà fini avec tous ses contestés. Du côté du V zuela, du Pérou et de la Bolivie, il y a déjà quelques années ; du de l'Argentine, il y a quelques mois. Il ne lui reste plus que celu Guyane. Pour nous, la vieille monarchie nous a légué, ici et là, droits mais aussi des embarras et des difficultés. Réglons nos d rends, c'est faire de la politique coloniale sérieuse. Mais en m temps, ayons confiance, car la Franc ne sera pas au-dessous c tâche ; elle saura avec honneur, justice et profit, liquider le bila passé.

Et quand une nation amie vient nous dire : « Réglons notre v différend pour établir entre nos deux pays une paix et une alli perpétuelles », nous n'avons qu'à accepter avec empressement c loyale et fraternelle invitation.

Je conclus en disant avec les Brésiliens : « Ajourner un problè n'est pas le résoudre. Résolvons le problème du pays contest Guyane par la nomination d'une Commission franco-brésilienne en finir avec le litige. »

H. A. Coudreau.

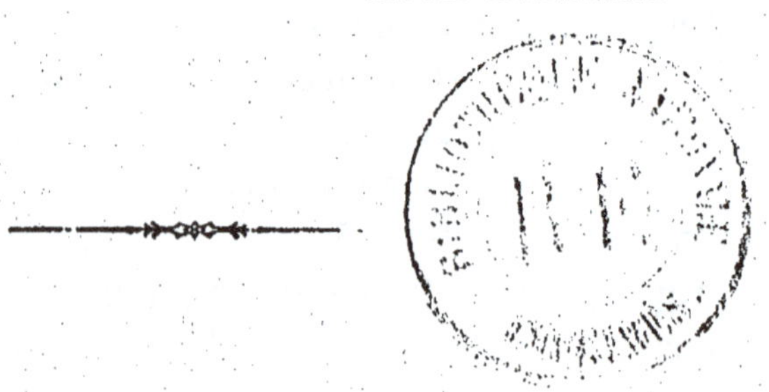

Lille Imp. L. Danel.

www.ingramcontent.com/pod-product-compliance
Lightning Source LLC
LaVergne TN
LVHW020308230826
846091LV00006B/2592

9782012871601